Johann Sebastian
BACH

CANTATA No. 36
SCHWINGT FREUDIG EUCH EMPOR

(BWV 36)

for Soli, Chorus and Orchestra
with German and English text

CHORAL SCORE

K 06536

Kantate Nr. 36
am ersten Advent

„Schwingt freudig euch empor!"

Für Sopran-, Alt-, Tenor-, Baß-Solo und Chor

Prima Parte

Nº 1 Coro
(Allegro ♪ = 132)

Joh. Seb. Bach (BWV 36)

BELWIN MILLS PUBLISHING CORP.

6536

PRINTED IN U.S.A.

N.º 2 Choral (Duetto)

(Lento ♪ = 100)

Soprano

Nun komm, der Hei_den Hei _
Come Thou of man the Sa -

Alto

Nun komm, der Hei_den Hei _ land, der Hei_den Hei _ _ _
Come Thou of man the_ Sa - viour, of man the Sa - -

land, nun komm, nun komm, nun komm,_____ der Heiden Hei _
viour, come Thou, come Thou, come Thou_____ of man the Sa -

land, nun komm, nun komm, nun komm, der Heiden Hei _
viour, come Thou, come Thou, come Thou of man the Sa -

burt ihm___ be.stellt.
awe at ___ Thy birth.

burt ihm___ be.stellt.
awe at ___ Thy birth.

N.º 3. Aria
(Andante ♪ = 104)

64
— sein Treu ge lieb tes all — ge mach.
— *to lure the loved one, mod — est ly:*

B

mf

70

76

83 **C**
Gleich wie es ei ne Braut ent zük ket, wenn
As when a maid en shy ly peer ing, her

R.H.　**L.H.**

89
sie den Bräu ti gam er blik ket, so folgt ein Herz
lov er greets with glance en dear ing, the lov ing hearts

122

ein Herz, so folgt ein Herz auch Je - su nach.

- - - - - - ing hearts, do do our hearts draw nigh to Thee.

Dal Segno

N⁰ 4 Choral (Mel: „Wie schön leuchtet der Morgenstern")

(7)

Soprano

Zwingt die Sai-ten in Cy - tha-ra und lasst die sü-sse Mu - si-ca ganz
dass ich mö-ge mit Je - sulein, dem wunder-schö-nen Bräut'gam mein in

Strike strong the string on lute and lyre, with harp and haut - boy, song and choir and
for Christ the Sa - viour will be born; the joy - ful ti - dings, this bright morn, thru-

Alto.

Zwingt die Sai-ten in Cy - tha-ra und lasst die sü-sse Mu - si-ca ganz
dass ich mö-ge mit Je - sulein, dem wunder-schö-nen Bräut'gam mein in

Strike strong the string on lute and lyre, with harp and haut - boy, song and choir and
for Christ the Sa - viour will be born; the joy - ful ti - dings, this bright morn, thru-

Tenore.

Zwingt die Sai-ten in Cy - tha-ra und lasst die sü-sse Mu - si-ca ganz
dass ich mö-ge mit Je - sulein, dem wunder-schönen Bräut'gam mein in

Strike strong the string on lute and lyre, with harp and haut - boy, song and choir and
for Christ the Sa - viour will be born; the joy - ful ti - dings, this bright morn, thru-

Basso.

Zwingt die Saiten in Cy - tha-ra und lasst die sü-sse Mu - si-ca ganz
dass ich mö-ge mit Je - sulein, dem wunder-schönen Bräut'gam mein in

Strike strong the string on lute and lyre, with harp and haut-boy, song and choir and
for Christ the Sa - viour will be born; the joy - ful ti - dings, this bright morn, thru-

Seconda Parte

Nº 5. Aria

(Tempo giusto ♩ = 72)

Will kommen, will kommen, werther
All hail Thou, all hail Thou, heart's de-

Schatz, will kommen, werther Schatz, will kom — — men,
light,— all hail Thou, heart's de-light,— all hail Thou,

N° 6. Choral (Mel: „Nun komm, der Heiden Heiland")

Allegro molto (♩ = 96)

Fleisch ent halt'.
flesh a right.

Nº 7 Aria
(Lento ♩. = 56)

denn schal_let nur__ der Geist da _ bei,
re - sound-ing loud,__ our soul's ac - claim,

48

№ 8 Choral (Mel: „Nun komm, der Heiden Heiland")